Susanne Tobies

24 Augenblicke im Advent

*Druck und Bindung des vorliegenden
Buches erfolgten in Deutschland*

MIX
Papier aus verantwor-
tungsvollen Quellen
FSC® C089473

Die Deutsche Bibliothek verzeichnet diese
Publikation in der Deutschen Nationalbibliografie;
detaillierte bibliografische Daten sind im
Internet über www.d-nb.de abrufbar

Bibelzitate wurden der *Hoffnung für alle* entnommen.
© 1983, 1996, 2002 by Biblica Inc. TM

Lektorat: Dr. Thomas Baumann
Umschlaggestaltung und Satz: spoon design,
Olaf Johannson
Umschlagbilder: clever visuals/unsplash;
Tabitazn; alexkich/shutterstock.com

Illustrationen Innenteil: Shutterstock.com

Herstellung: Beltz Grafische Betriebe GmbH,
Am Fliegerhorst 8, 99947 Bad Langensalza

© 2020 Neufeld Verlag, Sauerbruchstraße 16,
27478 Cuxhaven
ISBN 978-3-86256-160-5, Bestell-Nummer 590 160

www.neufeld-verlag.de

NEUFELD VERLAG

Susanne Tobies

24 Augenblicke im Advent

NEUFELD VERLAG

⚘ AUGENBLICKE ⚘

Es gibt Augenblicke und Augen-Blicke. Momente und Wahrnehmungen. Sekunden und Sichtweisen. Zeitfenster und Lichtblicke.

Manchmal sind solche kurzen Zeitspannen und Begegnungen auf Augenhöhe unspektakulär und ziehen vorüber. Manchmal hinterlassen sie kleine Spuren in uns. Und manchmal sind sie lebensverändernd.

Das Wort Advent geht auf das lateinische *adventus* zurück, das übersetzt „Ankunft" heißt und auf die Geburt Jesu Christi hinweist. Christen bereiten sich in dieser Zeit auf den Geburtstag Jesu vor und denken an die Wiederkunft Christi am Ende der Welt. Sie bezeichnen den Advent daher als eine Zeit „freudiger Erwartung".

Auch Maria war vor gut 2 000 Jahren „in freudiger Erwartung". Aber das war nicht im ersten Moment so, als sie von ihrer Schwangerschaft erfuhr. Denn die hatte sie bestimmt nicht erwartet. Als unsere drei Kinder noch Teenager waren, sagten wir manchmal halb scherzhaft, halb im Ernst: „Ihr wisst ja, es gibt da eine sinnvolle Reihenfolge: erst verlieben, dann heiraten, dann Kinder bekommen."

So hat Maria wohl auch gedacht. Aber Gott hatte beschlossen, diese an sich gute Regel bei ihr auf den Kopf zu stellen. Einen Augenblick lang begegnete ihr ein Engel. Einen Augen-Blick lang durfte sie in Gottes Angesicht schauen. Und dieser Moment veränderte ihr ganzes Leben.

Ich bewundere, wie Maria mit der ungeheuerlichen Nachricht umgegangen ist, die der Engel ihr überbrachte. Sie willigte ein in die totale Planänderung ihres Lebens. Ließ sich ein auf ein unübersehbares Abenteuer: den Sohn Gottes auf die Welt zu bringen, ihn als Mutter zu lieben, zu erziehen, zu begleiten – und am Ende loszulassen. Und das hat nicht nur *ihr* Leben verändert …

Vielleicht erleben wir nie Ereignisse solchen Ausmaßes. Aber es lohnt sich, innezuhalten und auch dem nachzuspüren, was in so manchen scheinbar unbedeutenden Momenten gerade passiert. Das gilt besonders für die Adventszeit – eine Zeit voller verborgener Hinweise und Zeichen, voller Überraschungen und Geschenke Gottes für uns Menschen. Öffnen wir unsere Sinne, lassen wir unsere Augen wandern und Neues entdecken!

Viel Freude beim Lesen!
Susanne Tobies

❖ INHALT ❖

1

DEZEMBER

⊰ GESEHEN ⊱

Der knallrote heliumgefüllte Luftballon schwebt einen Moment auf Hausdachhöhe und steigt dann langsam zum grauen Himmel hinauf, während eine erschöpfte Mutter den Kinderwagen mit ihrem weinenden Kleinkind um die Ecke schiebt. Zwei Teenagermädchen queren kichernd die Straße. Ein obdachloser Mann im Zwiebellook geht langsam – als sei er zeit- und ziellos – den Gehweg entlang und zieht einen Handwagen mit seinen Habseligkeiten hinter sich her. Eine ältere Dame kniet im Vorgarten und zupft das letzte Unkraut des Jahres.

Ich sitze im Auto an einem kalten Dezembertag und sehe diese Momentaufnahmen blitzschnell an mir vorbeiziehen. Und ich denke: Hinter jedem Bild steckt eine Geschichte. Hinter jedem Schnappschuss, der sich gerade auf meine Netzhaut brennt, verbirgt sich ein ganzes Schicksal. Ich habe den Impuls, anzuhalten und die Leute nach ihrem Leben zu befragen. Wie sind sie geworden, wie sie sind? Welche äußeren Gegebenheiten und Umstände haben sie geprägt? Wie ist ihr Charakter, ihre Lebenseinstellung geformt worden? Welche Ereignisse haben ihrem Leben eine Wendung gegeben?

Es wäre schön, Menschen einfach so auf diese Weise kennenzulernen. Zu sagen: „Hallo, ich habe dich gesehen, du siehst so traurig aus. Was ist los? Erzähl mir, was dich beschäftigt!" Aber das macht man ja nicht einfach so. In die Privatsphäre anderer dringt man nicht ein …

Dabei hat doch jeder Mensch die Sehnsucht in sich, gesehen zu werden. Dass da jemand ist, der weiß, wie es in mir aussieht. Dass ich mit dem, was mich ausmacht, wahrgenommen und angenommen bin. Dass mir jemand entgegenkommt …

Und dann denke ich: Gott kennt jede Geschichte. Jedes Gewordensein. Jeden Trümmerhaufen hinter schöner Fassade. Alles das, was wir meinen, verbergen zu müssen. Er schaut uns freundlich an. Und er wartet darauf, dass wir bereit sind, ihm unsere Geschichte zu erzählen. Er interessiert sich für uns. Brennend. Aber auch er drängt sich nicht auf. Er wartet …

Oder wartet er darauf, dass die, die ihn schon kennen, sich um die kümmern, die ihn noch nicht kennen? Dass *wir* Gottes freundliche Stimme werden, mit seinem Blick in fremde Augen schauen, seine Hand auf mutlose Schultern legen?

2

DEZEMBER

⁂ „OMA-RASCHUNG" ⁑

Wir sind zu Besuch bei unseren erwachsenen Kindern. So oft es uns möglich ist, fahren wir nach Hamburg, um sie und unsere Enkelinnen zu sehen. Wir freuen uns jedes Mal auf die kleinen Persönlichkeiten. Kaum wird uns die Tür geöffnet, läuft uns unsere 18 Monate alte Enkeltochter Kimia strahlend entgegen und ruft, indem sie auf meine Handtasche deutet: „Omaraschung?" Sie weiß genau, dass sich in meiner Tasche oft kleine Spielzeuge oder Süßigkeiten für sie befinden – Omaraschungen eben. Dieses kleine Wesen hat es bereits in seinem jungen Alter erfasst und mit dieser bezaubernden Wortschöpfung zum Ausdruck gebracht:

Überraschungen in Form von Geschenken gehören untrennbar mit dem Geber zusammen. Wenn Oma kommt, kommt etwas Schönes dazu. Ich komme nicht mit leeren Händen. Meinen Enkeltöchtern eine Freude zu bereiten, macht mir selbst die größte Freude.

Ist das nicht auch so mit dem größten Geschenk Gottes an uns Menschen, dass Geber und Geschenk untrennbar zusammengehören? „Also hat Gott die Welt geliebt, dass er seinen eingeborenen Sohn gab, auf dass alle, die an ihn glauben, nicht verloren werden, sondern das ewige Leben haben", heißt es in Johannes 3,16. Gott gab uns sein Allerkostbarstes: seinen Sohn, mit dem er so innig verbunden ist, dass Jesus sagen konnte: „Ich und der Vater sind eins."

Anders als ich, die ich vielleicht nur ein paar Euro auf dem Flohmarkt oder an der Supermarkt-kasse ausgegeben habe, um unseren Enkeltöchtern etwas zu schenken, hat Gott alles hingegeben, was ihm lieb und teuer war, damit wir zum wahren Leben finden und dem Liebhaber des Lebens unser Herz schenken können. Wie kann es nur sein, dass er uns, seine Geschöpfe, mit einer solch radika-len Konsequenz liebt? Ich werde das in meinem ganzen Leben nicht annähernd erfassen können. Und meine Versuche, darauf angemessen zu ant-worten, werden immer Stückwerk bleiben. Aber wie reagiert unser Vater im Himmel auf diese manchmal hilflosen Versuche? Er freut sich, wenn wir uns freuen und ihm vertrauensvoll wie ein Kind entgegenlaufen.

3

DEZEMBER

≈ EINE „UNBEDEUTENDE" FRAU ≈

Meine Seele preist die Größe des Herrn, und mein Geist jubelt über Gott, meinen Retter. Denn auf die Niedrigkeit seiner Magd hat er geschaut. Siehe, von nun an preisen mich selig alle Geschlechter... So beginnt das *Magnificat*, der Lobgesang der Maria, den sie bei der Begegnung mit ihrer Verwandten Elisabeth anstimmt.

An ihr, der bescheidenden Frau, hat Gott Großes getan. Ihr vertraut Gott den Retter der Welt an. Und so kann sie nicht anders: Sie besingt Gottes Taten. Er zerstreut und stürzt die Reichen und Mächtigen. Gleichzeitig erhebt und beschenkt Gott die Niedrigen und Kleinen.

Obwohl zu diesem Zeitpunkt ihre Zukunft unsicher ist, kann Maria Gott von Herzen für seine unverdiente Zuwendung zu ihr, einer „unbedeutenden" Frau, loben und ihm danken. Maria spricht hier von dem Reich, das nicht von dieser Welt ist, dem Reich Gottes, das mit Jesu Geburt ganz klein anfängt und zu wachsen beginnt. Weil Gott sich uns ganz schenkt, können wir Gott ganz vertrauen, so, wie es Maria gerade tut. Hier steht Maria in einer langen Tradition biblischer Frauen – Sara, die Frau von Abraham, Hanna, die Mutter des Propheten Samuel, Tamar und Ruth im Stammbaum Jesu: Gott zeigt sein Erbarmen oft an Frauen, denen er unerwartet ein Kind als Zeichen eines Neuanfangs schenkt. Und nicht nur durch Kinder segnet Gott Frauen in besonderer Weise: Er begegnet ihnen auf Augenhöhe in Jesus, nimmt dankbar ihre Gaben an – ihre Gastfreundschaft und Versorgung, ihre Tränen und ihr Vertrauen – und beauftragt sie als Zeuginnen für den auferstandenen Jesus.

An dieser Stelle sei uns Frauen gesagt: Niemals sollten wir uns unbedeutend oder wertlos fühlen. Niemals sollten wir sagen: Ich bin ja nicht talentiert, was habe ich schon beizutragen? Nein, erstens sind wir begabt worden und zweitens kommt es nicht auf uns an. Es kommt auf Gott an! Er sieht in uns Frauen ein großes Potenzial. Er fügt uns fest in seine Pläne ein. Er gibt uns alles dafür, was wir brauchen. Das kann uns nur zum Loben und Freuen bringen!

Dietrich Bonhoeffer, der evangelische Theologe und Märtyrer, nennt das *Magnificat* das „leidenschaftlichste, wildeste, ja man möchte fast sagen revolutionärste Adventslied, das je gesungen worden ist. Es ist nicht die sanfte, zärtliche, verträumte Maria … sondern es ist die leidenschaftliche, hingerissene, stolze, begeisterte Maria, die hier spricht" (*Bleibt der Erde treu – Ausgewählte Predigten*, Hg. Peter Zimmerling, Gießen 2020).

DEZEMBER

23

✎ NEULICH BEIM ARZT... ✎

Nasskaltes trübes Wetter im Dezember – Nieselregen und Nebel. Ich betrete das volle Wartezimmer meines Arztes und hänge gerade meine Jacke an die Garderobe, als nach mir eine weitere Frau den Raum betritt. Ich warte, bis sie sich aus ihrem Mantel geschält hat, und halte ihr den letzten freien Kleiderbügel hin. Sie, total überrascht: „Danke! So etwas Nettes habe ich schon lange nicht mehr erlebt!"

Dieses simple Ereignis löst plötzlich eine Kettenreaktion der Freundlichkeit aus. Ein älterer Herr springt auf und bietet mir lächelnd seinen Platz an. Ebenso steht ein anderer Mann mit lockerem Spruch auf den Lippen auf und überlässt seinen Stuhl der anderen Dame. Man wirft sich freundliche Blicke zu, nickt sich zu, Gespräche entspinnen sich im vorher grabesstillen Wartezimmer. Eine warme Atmosphäre ist plötzlich aufgekommen...

Menschen hungern nach Freundlichkeit, die trübe Stimmungen erhellt und dem Alltag Freude einflößt. In einer Welt, in der sich alles immer schneller dreht, jedermann überlastet scheint und Beziehungen sich oft oberflächlich gestalten, bleibt sie immer öfter auf der Strecke. Wie gut, dass unser Schöpfer uns vorbehaltlos mit Freundlichkeit, Wohlwollen und Liebe begegnet. Gottes Freundlichkeit erweist sich in so vielem – in seiner wunderbaren Schöpfung, der Natur, in jedem neuen Tag mit neuen Chancen, in seiner Versorgung, in Musik und Kunst, in Fähigkeiten und Gaben, die wir Menschen einsetzen dürfen.

Doch das größte Geschenk, das die Welt je gesehen hat, ist Jesus, Gottes Sohn. „Als aber erschien die Freundlichkeit und Menschenliebe Gottes, unseres Heilands, machte er uns selig…", heißt es in Titus 3,4.

Jesus, der sich zu uns Menschen gesellte, um uns nahe zu sein, uns mit seiner ungeteilten Zuwendung zu begegnen und uns Freiheit zu ermöglichen: Sein Leben war durchdrungen von Güte gegenüber jedem, der Hunger nach Annahme, Vergebung von Schuld und nach Frieden hatte – und ist es bis heute.

Ich möchte der Freundlichkeit so gerne mehr Raum geben, möchte, dass andere Menschen in mir Jesu Freundlichkeit erkennen können wie in einem Spiegel. Am meisten wird man wohl selber beschenkt, wenn man die Augen für die Leute um einen herum öffnet. Es macht sich einfach gute Laune breit, wenn man dem Alltagsgeschehen ein menschliches Gesicht verleiht. Und im günstigsten Fall breitet sich Freundlichkeit aus wie das Licht am Morgen…

DEZEMBER

❧ WEIHNACHTSBOTSCHAFT ❧

D a hatte ich voll daneben gehauen. Ich wollte einem Freund, der in Schwierigkeiten steckte, einen guten Rat geben. Voller Zuversicht, dass er ihn dankbar annehmen würde – denn ich fand meine Lösung total logisch –, suchte ich das Gespräch mit ihm. Leider hatte ich mich verkalkuliert. Er wies meine vermeintliche Hilfe schroff zurück.

Wie ein begossener Pudel ging ich nach Hause, fühlte mich hilflos und – eben: ratlos. Nach einiger Zeit des Grübelns suchte ich Trost in meiner Bibel. Und da schlug ich auf: *Er heißt Wunder-Rat, Gott-Held, Ewig-Vater, Friede-Fürst.* Wow. Das saß. *Er heißt Wunder-Rat.* Ich hatte mir angemaßt, besser Bescheid zu wissen. Beschämt musste ich zugeben: Menschliche Weisheit ist eben bruchstückhaft. Wenn es um Lebensfragen geht, sind wir bei Jesus gut beraten. Damals schrieb ich in mein Tagebuch:

Laufen gegen Wände, unsicheres Wissen, verschleierte Zukunft – ER heißt Wunder-Rat.

Fühlen, wie klein ich bin, wie wenig Möglichkeiten mir gegeben sind – ER heißt Gott-Held.

Hilfloser Helfer, verwundeter Tröster, ängstliches Kind – ER heißt Ewig-Vater.

Rastloses Herz, sich drehende Gedanken, unruhiges Gemüt – ER heißt Friede-Fürst.

Ohne JESUS ist alles nichts. Denn die Herrschaft ruht auf SEINEN Schultern.

Namen haben Bedeutung. Erst recht, wenn ein Prophet Jahrhunderte zuvor den Träger dieser Namen machtvoll ankündigt (Jesaja 9,5): „Denn uns ist ein Kind geboren, ein Sohn ist uns gegeben…"

Der Glaube an den *Wunder-Rat* verheißt, hofft und weiß um die Wunder Gottes in unserem Leben. Er gibt Orientierung, wenn wir ratlos sind.

Der Name *Gott–Held* zeugt von Jesu Selbstaufopferung, Einsatz für die Schwachen, Elenden und Außenseiter und ist die Botschaft von der befreienden Gnade Gottes.

Er ist der *Ewig-Vater*, auf den wir uns unverbrüchlich verlassen können, der uns als seine Kinder angenommen hat und sich um uns kümmert, besser als jeder irdische Vater.

Der, der Frieden und Liebe zum Nächsten erst ermöglicht, weil er zuvor uns Menschen seinen Frieden anbietet, ist unser *Friede-Fürst*.

Das ist eine unfassbar gute Weihnachtsbotschaft.

DEZEMBER

⊰ WAHRE HELDEN ⊱

Als ich vor Jahren in einem barrierefreien Hotel an der Rezeption arbeitete, hatte ich oft das Privileg, wahre Helden des Alltags kennenzulernen. Einmal hatten wir eine Gruppe Demenzkranker und ihre Angehörigen zu Besuch sowie eine Gruppe Eltern mit Kindern, die die Glasknochenkrankheit haben.

Man konnte den Eindruck gewinnen, es seien bald mehr Menschen mit Rollstühlen als auf Füßen unterwegs – da herrschte manchmal ziemliches Verkehrschaos auf den Gängen. Ich konnte Szenen beobachten, wie ein demenzkranker Mann nach seiner Frau schlug, wie eine Mutter ihr krankes Kind behutsam durch die Tür trug und auf einen Stuhl setzte, wie ein Mann zärtlich den Arm um seine verwirrte Frau legte und sie sicher in den Speisesaal geleitete.

Ich kann nur ahnen, wie viel Kraft solchen Menschen der Alltag abverlangt. Wie hoch der Preis ist, den ihre Liebe zu den Angehörigen kostet. Wie wenig sie dafür geachtet werden, dass sie sich ihren Liebsten Tag für Tag in Fürsorge hingeben. Ich bete dann immer: Gott, segne sie dafür! Ich bin sicher, er wird es tun – jetzt oder zu seiner Zeit.

Im Neuen Testament werden solche hingebungsvollen Menschen auch hin und wieder erwähnt. Ich denke an die Geschichte des Gelähmten, der von vier Freunden durch ein abgedecktes Dach zu Jesu Füßen heruntergelassen wird. Welche Mühe haben sie da auf sich genommen! Oder die Geschichte, in der es heißt: *Da wurde ein Besessener zu Jesus gebracht, der war blind und stumm; und er heilte ihn, sodass der Stumme redete und sah.* Er wurde gebracht … Da haben Menschen die Anstrengung unternommen, einen kranken Menschen zu Jesus zu bringen, voller Hoffnung und Zuversicht. Oder: *Und es wurde ein Mann herbeigetragen, der war gelähmt von Mutterleibe an; den setzte man* täglich *vor das Tor des Tempels, das da heißt das Schöne, damit er um Almosen bettelte bei denen, die in den Tempel gingen.* Was für eine Hingabe!

Jesus heilte und segnete Kranke. Aber ich bin sicher: Sein Segen floss auch denen zu, die sich um die Kranken gekümmert hatten, manche ja sogar täglich. Und er tut es noch heute. Jesus hat diese Menschen im Blick. Sie sind nicht allein.

DEZEMBER

EIN TAG WIE
SAMT UND SEIDE

L eise Musik, schummrige Beleuchtung, köstlicher Duft von Kaffee und hausgemachtem Apfelkuchen. Mein Mann und ich sitzen in einem urgemütlichen Café in einem alten verwinkelten Fachwerkhaus mit dunkelbraunen Balken, verblichenen Gemälden an den Wänden und Kerzenlicht. Wir feiern unseren Hochzeitstag – die Samthochzeit.

Später bummeln wir über den nahen Weihnachtsmarkt. Die Dämmerung taucht alles in ein geheimnisvolles Licht. Es duftet nach gebrannten Mandeln und Bratäpfeln. Musik ertönt, bunte Lichter glänzen, es herrscht Gedränge. Eine Weile lassen wir uns treiben, dann zieht es uns in die stilleren Seitengassen. Schon nachdem wir nur ein paar Schritte vom Trubel entfernt in eine evangelische Backsteinkirche getreten sind, umfängt uns dort die wahre Weihnachtsstimmung: Wir kommen gerade recht zu einer Abendandacht mit Orgelmusik, Liedern und ein paar kurzen Worten.

„Die Nacht ist vorgedrungen", eines meiner Lieblingsweihnachtslieder (aus der Feder von Jochen Klepper), steht im Mittelpunkt. Mein Mann und ich sitzen eng aneinander gekuschelt auf der Bank, er summt das Lied mit, während ich dem Text in Gedanken nachgehe. „*... Auch wer zur Nacht geweinet, der stimme froh mit ein. Der Morgenstern bescheinet auch deine Angst und Pein.*"

Wie oft haben wir das erlebt: dass Jesus selbst als Person unser einziger Hoffnungsschimmer war und ist – der Stern, der zwischen finsterer Nacht und dem neuen Tag erscheint. Er ist der hellste Stern von allen, noch bevor die Morgendämmerung einsetzt. So manche Hürde hatten wir im Leben zu nehmen. Dunkle Zeiten waren dabei, Zukunftsängste und Krankheit, Nächte voller Sorgen. Noch war der Tag nicht da, noch waren die Probleme nicht gelöst, noch griff die Furcht nach uns. Aber der Stern schimmerte uns schon und verbreitete Trost und Zuversicht. Wenn wir uns nicht immer auf Jesus hätten werfen können, wären wir verloren gewesen.

Nun sitzen wir in der Kirche und lauschen dem tröstlichen Lied. Ich denke an vergangene Jahre: Nach unserer Hochzeit bauten wir unser gemeinsames Leben auf, später, nachdem drei Kinder dazu kamen und immer mehr Aufgaben, wurde es umgebaut, in die Höhe und in die Breite. Jetzt, wo wir wieder zu zweit sind und sich unser Leben ein wenig beruhigt hat, bauen wir mehr in die Tiefe. Wir sind wie zwei Äste an einem Baumstamm, und wir wissen, wo unsere Wurzeln sind: Sie strecken sich aus nach Jesus, dem Fundament unseres Lebens.

DEZEMBER

⁊ Die zweite Seite ⁊

ch träume nachts sehr oft und ich kann mich gut daran erinnern. Meistens sind meine Träume ein Kaleidoskop unterschiedlicher Szenen, einfach eine Verarbeitung meines Alltags. Aber hin und wieder kann ich einem Traum auch eine Bedeutung abgewinnen – so auch folgendem Traum:

Ich bin eine Angestellte Barack Obamas, eine Art Sekretärin. In der Zusammenarbeit mit ihm kann ich ihn gut beobachten. Ich sehe unter anderem, dass er seine Zeitungen auf besondere Art und Weise liest. Auf die erste Seite wirft er kaum einen Blick. Er fängt gleich auf der zweiten Seite an zu lesen. Als er sieht, dass ich ihn fragend anschaue, sagt er zu mir: „Die zweite Seite ist für mich inspirierend. Dort beginnt das Eigentliche." Ich verstehe, was er meint.

Überraschenderweise verstehe ich auch jetzt, im Wachzustand, was gemeint ist. Der Traum ergibt Sinn für mich: Halte dich nicht an der Titelseite auf – an der dicken Headline, am Aufmacherbild, an der fett gedruckten Einleitung, am ersten Eindruck. Schaue tiefer, sieh, was dahinter ist. Lies das Kleingedruckte. Achte auf die Geschichte, forsche nach Hintergründen, durchblicke Zusammenhänge.

„Lesen Sie weiter auf Seite 2“: Das ist für mich eine treffende Aufforderung, wenn ich Menschen begegne, wenn Ereignisse stattfinden, wenn ich mich im Alltag bewege. Schau nicht nur das an, was dir ins Auge springt. Das ist nur das Äußere. Bleib nicht dabei stehen. Fälle dein Urteil nicht auf Grund des ersten Eindrucks. Die Oberfläche kann trügen. Es könnte reine Fassade sein. Blicke tiefer. Mach dir die Mühe, die „zweite Seite“ zu lesen. Investiere Zeit, Geduld, offene Augen und ein offenes Herz, um zu verstehen.

Jesus kann uns darin Vorbild sein. Die Geschichten des Neuen Testaments, die sich um seine Begegnungen mit Menschen drehen, geben da tiefen Einblick. Er sah die Menschen an, indem er unter ihre Oberfläche schaute und das wahrnahm, was sie im Innersten bewegte und bestimmte. Er kannte ihre Gedanken, ihre Zerrissenheit, ihre Scham, ihre Probleme.

Und er sprach sie genau an diesen Punkten an. Er blieb nicht bei oberflächlichen Begegnungen und Freundlichkeiten stehen, die den Menschen letztlich nicht weitergeholfen hätten. Er sprach direkt in ihr Herz. Das ist für mich inspirierend.

Warum mich ausgerechnet Barack Obama im Traum auf dieses Thema aufmerksam machte, bleibt mir allerdings ein Rätsel.

DEZEMBER

⊰ BLIND ⊱

n dem Stadtteil, in dem ich zu Hause bin, wohnt eine Familie, deren Vater blind ist. Ich treffe sie öfter auf der Straße oder beim Einkaufen: Die Ehefrau oder die ältere Tochter führen den Familienvater auf den Gehwegen oder durch die Supermarkt-Gänge. Oft denke ich dann darüber nach, was Blindsein wohl bedeutet für einen Menschen: die Natur nicht sehen zu können – keine Blumen, keine Sonnenuntergänge, kein Wellenschlag des Meeres. Keine Schilder erkennen zu können, nicht auf die übliche Weise lesen zu können, auf Hilfe angewiesen zu sein. Nicht einmal seine Ehefrau oder seine Kinder anschauen zu können, ihnen nicht in die Augen sehen zu können, den „Fenstern zur Seele".

Die Bibel berichtet mehrfach von Blinden – und ihrer Begegnung mit Jesus. Besonders berührend finde ich die Erzählung von dem blinden Bartimäus. Jesus war in Jericho, und Bartimäus hörte, dass da etwas Besonderes im Gange war – Blinde entwickeln ja bekanntlich ein gutes Gehör. Ihm wurde auf seine Nachfrage hin geantwortet: „Jesus von Nazareth geht vorüber!" Bartimäus muss etwas über Christus gewusst haben, denn sofort rief er ihn als den „Sohn Davids", also den Messias, um Hilfe an. Er wollte kein Geld erbetteln. Er wollte mehr. Er wollte durch Jesus sehend werden. Und so schrie er. Er schrie laut, er schrie verzweifelt. Er schrie sich die Kehle aus dem Leib. Die Leute um ihn herum wollten ihn zum Schweigen bringen. Was erlaubte sich dieser Bettler nur? Doch Bartimäus ließ sich nicht abhalten: „Sohn Davids, erbarme dich meiner!" Er vertraute Jesus als dem Einzigen, der in sein Schicksal eingreifen konnte. Und Jesus hörte ihn und reagierte … Dieser Augenblick, diese Begegnung veränderte alles.

Überall dort, wo Menschen nach ihm schreien, antwortet Gott: in ausweglosesten Situationen, in völlig verfahrenen Situationen, auch da, wo es scheinbar keine Chance zur Veränderung mehr gibt. Wenn ein Mensch aus ganzem Herzen, in völliger Verzweiflung nach Gott schreit, wird er immer antworten. Nicht immer wird der Wunsch nach kompletter Heilung so erfüllt wie bei Bartimäus. Aber Gott ignoriert keinen einzigen Hilferuf. Er ist bereit, Menschen aus dem Staub heraus zu heben und ihnen Würde, Lebensmut und neue Perspektiven einzuflößen. Viele biblische Geschichten wissen davon zu berichten. Und er tut es noch heute – ich habe es bei anderen gesehen und auch selbst erlebt.

10 DEZEMBER

BLIND, DIE ZWEITE:
⋗ VON BLINDEN FLECKEN ⋖
UND DER WAHRHEIT

Wenn es um unsere Schwächen geht, taucht ein Phänomen immer wieder auf: Die Ecken und Kanten der anderen erkennen wir auf Anhieb und überdeutlich – gegenüber den eigenen Defiziten aber sind wir oft blind. Es ist so, wie es schon in der Bibel steht: Wir sehen ohne Probleme den kleinen Holzsplitter im Auge unseres Gegenübers, aber übersehen gleichzeitig mühelos den Balken im eigenen Auge. Er ist unser blinder Fleck. Unsere Selbsteinschätzung hat Löcher. Wir nehmen unsere Fehler nur selektiv wahr, betreiben Schönfärberei und betrügen uns damit selbst.

Als junger Mensch hatte ich große Mühe, Kritik anzunehmen. Als wenig selbstbewusste Frau, die ich damals war, bedeutete sie oft – natürlich nur in meinen Gefühlen – die totale Vernichtung. Also verleugnete ich meine Schwächen wider besseres inneres Wissen, wehrte mich mit Worten oder betrieb Rückzug – und meine Kritiker waren dann „die Bösen". In unserer jungen Ehe hatte besonders mein Mann darunter zu leiden.

Gnädigerweise durfte ich nach und nach auf diesem Gebiet viel lernen, bis heute. Einmal durch meinen geduldigen Mann, dann durch meine Gemeinschaft mit anderen Christen und nicht zuletzt durch Gott selbst, die mir alle zuerst mit Liebe begegneten, bevor sie mir einen Spiegel vorhielten und mich auf Dinge aufmerksam machten, die bei mir schräg lagen und oft bis heute liegen.

Damit man bereit ist zu lernen, muss man sich also zunächst grundsätzlich angenommen fühlen. Und das ist so genial bei Jesus: Seine Liebe zu uns zielt ja geradezu darauf ab, uns mit all unseren Fehlern, Unzulänglichkeiten und Macken zu umarmen. Er *will* gar keine perfekten Menschen. Im Gegenteil: Er kann dann etwas mit uns anfangen, wenn wir genau so sind, wie wir eben sind, uns nicht verstellen, nichts verbergen oder schönreden. Denn er hat es zugesagt: „Gerade in eurer Schwachheit bin ich mächtig". Die „Wahrheit macht frei" – dieses geflügelte Wort, das ja der Bibel entnommen ist, beruht auf dieser Zusage. Gott arbeitet wunderbar in uns und mit uns, wenn wir der Wahrheit ins Auge sehen und ehrlich werden – vor uns selber, vor anderen und vor Gott. So kann er uns gebrauchen. So können wir gelassen üben, uns neue Verhaltensweisen anzueignen, inklusive Rückschläge. Nur so entsteht wahre Gemeinschaft und Partnerschaft auf Augenhöhe.

DEZEMBER

⚞ WACHSEN UND WERDEN ⚟

Manchmal staune ich darüber, dass Gott nicht nur als Mensch, sondern sogar als kleines Baby auf die Welt kam. Wie leicht wäre es für ihn gewesen, plötzlich irgendwo als erwachsener Mann aufzutauchen und seine Berufung wahrzunehmen. Stattdessen ist er als Kind völlig abhängig von seiner Mutter, die ihm Nahrung schenkt, ihn in Windeln hüllt und rundum versorgt. Er, der „das Wort" genannt wird, muss sprechen lernen! Der, der die ganze Welt umspannt, versucht erste Schritte und kann als Kleinkind nur ein paar Meter bewältigen.

Vielleicht hätte er dann ja wohl wenigstens als junger Mann, so mit 18 oder 20 Jahren, sein Wirken beginnen können. Dann hätte er ein paar Jahre mehr gehabt. Aber nein: Er bleibt weitere zehn Jahre bei seiner Familie, hilft seinem Vater in der Werkstatt, bewegt sich unter den Nachbarn seines Dorfes, lernt den Wert einer Arbeit, Verantwortung für seine Familie und gesellschaftliche Zusammenhänge kennen. Er nimmt so lange an Reife, Wissen und Weisheit zu, bis seine Zeit gekommen ist.

Das Prinzip Gottes ist Wachstum. Und das braucht Zeit. Es ist ein Werden. Nichts auf dieser Welt ist von vornherein perfekt – aber dennoch in sich wunderbar. In einem Samenkorn ist alles vorhanden, um zu einer entsprechenden Pflanze heranzuwachsen. Seine DNA macht es zu einem Vergissmeinnicht, einer Sonnenblume, einer Weizenähre oder einer Eiche. Alles ist da. Auch ein Baby hat schon alles, was es braucht: ein kompletter Mensch. Aber dennoch muss es wachsen, reifen, werden.

Wachstum kann man überall beobachten. Pflanzen, Tiere, Menschen. Die Schöpfung ist dynamisch. Sogar das Universum ist noch immer dabei, sich auszudehnen … Und das Prinzip Wachstum gilt nicht nur für die sichtbare Welt. Jesus hat es ganz klar gesagt: Gottes Reich hat begonnen. Aber es ist noch nicht vollkommen da. Die Erfüllung lässt noch auf sich warten.

Oft sind wir ungeduldig mit uns, mit anderen, mit Zuständen, mit dem, was wir so oft vorfinden. Versuchen wir zu verstehen: Das Warten auf Wachstum ist ein Wunder des Werdens. Darin liegt eine Schönheit, die sich nur Gott ausdenken konnte. Ist nicht ein erschrittener Weg genauso wertvoll wie das Ziel? Ist nicht der Frühling mit seinem frischen Grün ebenso wunderbar wie der Herbst mit seiner reichen Ernte? Ist ein kreativer Prozess nicht mindestens so belebend wie ein fertiges Kunstwerk? Werden dürfen ist ein göttliches Geschenk.

12 DEZEMBER

❧ WAS IM LEBEN ZÄHLT ❧

Nach der biblischen Geschichte in Matthäus 2 kamen drei Sterndeuter aus dem Osten nach Bethlehem, um Jesus als neugeborenen König anzubeten. Sie öffneten ihre Schatztruhe und schenkten ihm verschiedene Kostbarkeiten: Gold, Weihrauch und Myrrhe. Wir wissen um die symbolhafte Bedeutung dieser Gaben. Aber aus heutiger Sicht kann man mit ein paar Kräutern und etwas Baumharz nicht so viel anfangen. Ganz anders ist es mit Gold …

Ich habe mich öfter mal gefragt, was aus dem geschenkten Gold damals wurde. Benötigten es Josef und Maria, um ihre Flucht nach Ägypten und ihr Leben dort zu finanzieren? Investierte Josef es später in Werkzeug für seinen Zimmermannsjob? Oder haben es die Eltern von Jesus vielleicht jahrelang für ihn verwahrt, nur um zu realisieren, dass er das Gold gar nicht haben wollte?

Wir wissen es nicht, aber eines ist sicher: Jesus hat sich nie von Geld oder anderen Reichtümern abhängig gemacht. Sein Blick war auf etwas ganz anderes gerichtet. Als er von seinen Jüngern einmal zum Essen gedrängt wurde, wehrte Jesus ab: *„Meine Nahrung ist, dass ich den Willen dessen tue, der mich gesandt hat, und das Werk vollende, das er mir aufgetragen hat."*

Natürlich hat Jesus auch gegessen, oft mit großer Freude und Genuss, sodass außenstehende Menschen ihn sogar einmal einen „Fresser und Säufer" nannten. Doch offensichtlich gab es etwas für ihn, das eine viel größere, ja entscheidendere Bedeutung hatte als wohnen, essen, trinken und schlafen. Materielle Sicherheiten ließen ihn kalt. Die Verbundenheit mit seinem himmlischen Vater war so eng, dass er sich völlig auf seine Versorgung verließ. Und seine Berufung war so stark, dass weltliche Vergnügen und Konsum ihm nichts bedeuteten.

Wie anders sind da wir Menschen: Ohne Geld läuft doch fast nichts bei uns. Damit können wir viele unserer Bedürfnisse, Sehnsüchte und Wünsche realisieren: eine gemütliche Wohnung, Kleidung, Luxusgüter, Reisen. Interessanterweise machen uns diese Dinge trotzdem nicht auf Dauer glücklich. Denn so schön sie sind, wie sehr sie uns auch gegönnt sind: Leben ist mehr. Tiefes, reiches Leben besteht vor allem in Beziehungen, besteht aus Hinwendung und Liebe zu Menschen und zu Gott. Das verspricht wahre Lebensqualität.

DEZEMBER

⁘ SEELENMEDIZIN ⁘

ch stand gerade in meiner soeben geöffneten Stamm-Apotheke, um meine Medikamente abzuholen, da trat ein vielleicht 10- oder 11-jähriger Junge mit Schultasche durch die Tür und grüßte.

Die Apothekerin grüßte freundlich zurück, und der Junge fragte nach einer bestimmten Person. „Frau X kommt erst nachher. Aber du kommst ja heute Mittag wahrscheinlich noch mal rein. Dann triffst du sie bestimmt!" Und zu mir gewandt, als der Junge wieder draußen war: „Das ist einer unserer nettesten Schüler." Ich schaute sie fragend an. „Ja, hier kommen öfter Schüler auf ihrem Schulweg rein, um mal ein Glas Wasser zu trinken, auf die Toilette zu gehen oder kurz zu reden."

Ich war sprachlos. Aus mehreren Gründen. Zum einen: Da sind Kinder, die offenbar so verzweifelt Anschluss, eine Anlaufstelle, ein bisschen menschlichen Kontakt suchen, dass sie einfach den nächstbesten Laden betreten – in diesem Fall eine Apotheke! –, um genau das zu bekommen.

Zum anderen: Diese Apotheke, vielmehr deren nette Angestellte lassen das nicht nur zu, sondern ermutigen die Kinder auch noch und haben anscheinend für jedes ein freundliches Wort. Das ist wirklich erstaunlich in einem Geschäftsbetrieb, wo es immerhin auch um Umsatz geht.

Zum dritten: Mich macht es nachdenklich, ob wir Christen nicht viel mehr Kreativität und Engagement aufbringen könnten, um solche Chancen zu nutzen: Da sind Menschen wirklich auf der Suche! Kinder, die noch offen sind und die empfänglich sind für Zuwendung, Ansprache und Aufmerksamkeit. Denen ein freundliches Wort, eine kleine hilfreiche Geste das Leben besser machen könnte.

Jesus kam als Kind auf die Welt. Und er liebte Kinder – zeigte sie uns als Vorbilder in Sachen Vertrauen. Und mehr noch – *er stellte ein Kind in ihre Mitte, nahm es in seine Arme und sagte zu ihnen: Wer ein solches Kind in meinem Namen aufnimmt, der nimmt mich auf; und wer mich aufnimmt, der nimmt nicht nur mich auf, sondern den, der mich gesandt hat* (Markus 9,33–37). Es wäre gut, wenn Kinder wieder stärker in unser Blickfeld rückten. Sie verdienen es!

14

DEZEMBER

⊰ WARTEZEIT ⊱

Was käme heraus, wenn man all die Zeit addierte, die man mit Warten zubringt? Warten auf den Bus, warten an der Supermarktkasse. Warten auf die Postsendung, Warten auf einen Anruf. Warten auf der Autobahn, dass sich der Stau endlich auflöst. Feststecken in Warteschleifen, die man am Telefon ertragen muss, warten im Wartezimmer des Arztes. Warten auf den Besuch und warten darauf, dass er endlich wieder geht. Manchmal hat man den Eindruck, man wartet das halbe Leben auf etwas.

Das Neue Testament erzählt von Simeon, einem gläubigen und gerechten Mann, der, wie es dort heißt, „vom Heiligen Geist erfüllt" war. Ihm war offenbart worden, er werde nicht sterben, ohne den Messias – den „Trost Israels" – gesehen zu haben. Und darauf wartete Simeon, ein ums andere Jahr. Er vertraute darauf, dass sich diese Zusage erfüllt. Dass Gott sein Versprechen hält.

Wie oft warten wir, dass sich Gottes Verheißungen auch in unserem Leben erfüllen? Dass Hilfe in Notsituationen kommt, dass wir ein Licht am Ende des Tunnels sehen, dass uns Gott Lösungen für unsere Probleme anbietet, Wegweisung gibt?

Wir wissen nicht genau, wie viele Jahre Simeon gewartet hat. Manche vermuten, er sei ein alter

Mann geworden, bis sich endlich seine Hoffnung und sein sehnsüchtiges Warten erfüllte. Eines Tages war es soweit: Als Jesus nach seiner Geburt von seinen Eltern in den Tempel gebracht wurde, damit er Gott geweiht würde, führte der Heilige Geist Simeon ebenfalls in den Tempel, wo er in Jesus den versprochenen Messias erkannte. Er nahm das Kind in seine Arme und lobte Gott mit den Worten: *„Nun lässt du, Herr, deinen Knecht, wie du gesagt hast, in Frieden scheiden. Denn meine Augen haben das Heil gesehen, das du vor allen Völkern bereitet hast, ein Licht, das die Heiden erleuchtet, und Herrlichkeit für dein Volk Israel"* (Lukas 2,29–32).

Simeon durfte den Retter der Welt mit eigenen Augen sehen. Wir haben nur innere Augen, um Jesus wahrzunehmen, Augen des Herzens. Es gehört Vertrauen und Geduld dazu, zu glauben, dass sich Gottes Versprechen in Jesus erfüllen, in unserem Leben und in aller Welt. Dietrich Bonhoeffer meinte einst dazu: *Niemand besitzt Gott so, dass er nicht mehr auf ihn warten müsste. Und doch kann niemand auf Gott warten, der nicht wüsste, dass Gott schon längst auf ihn gewartet hat* (*Bonhoeffer Werkausgabe*, DBW Band 11, Seite 393).

15
DEZEMBER

⁂ HEIMAT ⁂

Wir sitzen zusammen am Tisch in unserer Gemeinde-Caféteria: Frauen und Männer aus Afghanistan, Syrien, Somalia und Pakistan. Dienstags treffen wir uns mit Geflüchteten, um zu erzählen, Deutsch zu lernen, Behörden-Formulare auszufüllen – und natürlich Kaffee, Tee und selbstgebackenen Kuchen zu genießen. Kinder wuseln herum und spielen mit Bausteinen, Autos und einer Holzeisenbahn. Ein vielsprachiges Stimmengewirr erfüllt den Raum. Eine Mitarbeiterin hat Papier und Buntstifte für die Kinder mitgebracht. Die Kinder nutzen sie eifrig. Ein Vater nimmt sich auch ein Blatt und beginnt gedankenverloren zu malen. Irgendwann werde ich auf ihn aufmerksam. Unter seinen Händen entsteht eine schöne Landschaft: eine Plantage mit Dattelpalmen, ein Fluss, ein Haus mit grünem Garten daneben. Ich frage den syrischen Mann, was das Bild bedeutet. „Das Heimat", sagt er, „da ich gewohnt. Jetzt alles kaputt." Seine Augen werden feucht. Ich muss schlucken.

Wir wissen ja gar nicht, wie kostbar Heimat ist, bis wir sie verlassen müssen! Auch Jesus und seine Eltern mussten das erfahren. Jesu Leben war bedroht – schon als Baby! Und so mussten die

Eltern nach Ägypten fliehen und in der Fremde leben. Solange der König Herodes in der Provinz Galiläa herrschte, war an eine Rückkehr nicht zu denken. Wie mag das Jesus wohl geprägt haben? Ist das eine der Grundlagen dafür, dass er sich später selbst als Heimatlosen bezeichnete? *„Die Füchse haben ihre Höhlen und die Vögel ihre Nester; der Menschensohn aber hat keinen Ort, wo er sein Haupt hinlegen kann."* Vielleicht war diese erste Flucht eine Art Vorübung für ihn, das zu realisieren und zu leben, wofür er wirklich bestimmt war: nicht, es sich in einem Haus, einem Ort gemütlich einzurichten, sondern im Auftrag seines himmlischen Vaters für uns Menschen unterwegs zu sein und zu wirken.

Für Geflüchtete, die sich für Jesus öffnen, kann er jedenfalls zum Bruder werden, der sie aus eigener Erfahrung zutiefst verstehen kann. Und das ist ein großer Trost. Ein anderer ist, dass Gott uns Menschen in der Bibel immer wieder auffordert, uns um „Fremdlinge" und Geflüchtete zu kümmern. Sie sind Gott ganz besonders ans Herz gewachsen. Deshalb sollten sie auch uns nicht gleichgültig sein.

16

DEZEMBER

⋗ LICHT-BLICKE ⋖

Morgens aufgewacht, einen Blick auf die Uhr geworfen – Schock! Der Wecker war eine Stunde zu spät eingestellt. Mein Mann ist verreist. Ich bin allein zu Hause. In fliegender Hast Morgentoilette, halbe Tasse Kaffee runtergespült, an meinen Arbeitsplatz geeilt. Nur um festzustellen, dass es heute nicht viel zu tun gibt. Totale Flaute. Zeit fließt zäh und quälend langsam. Kaum Anrufe. Ich mache mich an die Ablage. Räume ein paar Dateien auf meinem PC auf, entsorge Altpapier. Nichts wirklich Produktives ... Bedeckter Himmel, wenn ich aus dem Fenster schaue. Langweilig. Ich bin unzufrieden. Irgendwann endlich Feierabend. Zurück in meinem Zuhause lustlos ein bisschen herumgeräumt. Anschließend gehe ich zum Supermarkt einkaufen. Auf dem Rückweg regnet es. Auch das noch! Ein öder Tag. Ihn gelebt zu haben oder nicht – was macht das für einen Unterschied?

Zu Hause krame ich in meinem Gedächtnis. Hey, ich habe heute mit dem Kind meiner Nachbarin gesprochen, es hat gelacht. Am Telefon durfte ich eine wichtige Auskunft gegeben. Für eine nahe Verwandte, die in Schwierigkeiten steckt, habe ich ausführlich gebetet. Unterwegs einen schwanzwedelnden Hund gestreichelt. Und Wolkenformationen bewundert. Einen eiligen Mann an der Supermarktkasse vorgelassen. Der Kassiererin schenkte ich mein bestes Lächeln.

Den Tag zu leben oder nicht – wo ist der Unterschied? Für mich? Für andere? Für die himmlische Welt? Geht es immer nur um Produktivität? Um Effektivität? Ums Wohlfühlen?

Vielleicht ist der Sinn des Tages einfach nur eine Wahrnehmungsfrage: Jeder Tag ist ein Geschenk. Jeder Tag hat seine Möglichkeiten. An jedem Tag bin ich geleitet von Gott. Also: Danke, Gott, auch für diesen Tag!

17
DEZEMBER

⋗ SEHNSUCHT ⋖

Eines Tages hat es mich gepackt. Angesteckt durch Hape Kerkeling und Co. beschloss ich, mich auf eine Pilgerwanderung zu begeben. Nicht auf den spanischen Jakobsweg wie er und viele andere, sondern auf einer Strecke durch Süddeutschland. Und zwar allein. In meinem geistlichen Leben war irgendwie eine diffuse Flaute eingetreten, und ich meinte, wenn ich mich in Bewegung setze, kommt vielleicht auch mein Glaube wieder in Bewegung. Mein Ziel: Wieder stärker mit Gott in Kontakt zu kommen, ihm zu begegnen in den Herausforderungen einer solchen Wanderschaft.

Im April geht es los, für zwei Wochen, in der Hoffnung auf frühlingshaftes Wetter – doch mich erwartet eher ein nachträglicher Winter. Es ist kalt, regnet fast ununterbrochen und teilweise schneit es sogar. Am zweiten Tag begegnet mir eine ältere Frau, spricht mich an und fragt, ob ich auf einer Wanderung sei. Als ich bejahe, fragt sie, was denn mein Mann dazu sagen würde. Sie hat wohl meinen Ehering aufblitzen sehen. Ich erzähle ihr, dass mein Mann ganz einverstanden mit meinem Tun sei. Sie schüttelt den Kopf und versteht die Welt nicht mehr. Dann fragt sie mich, ob ich denn wenigstens genug warme Kleidung bei dem Wetter dabei hätte. Sie macht sich ernsthaft Sorgen, das rührt mich. Wir reden noch ein bisschen, und als ich mich verabschiede, sagt sie wehmütig: „Ach, das täte mir wohl auch Spaß machen …"

Blitzt da etwa Sehnsucht bei ihr auf, wider Willen? Wie oft ignorieren wir solche leisen Stimmen und kleinen Impulse in uns. Ich kenne das nur zu gut. „Keine Zeit, was werden denn die Leute sagen, ich habe doch meine Pflichten zu erfüllen, kein Geld und überhaupt, die Umstände sprechen total dagegen …" Gründe finden wir immer, um unsere Wünsche und Träume zu ignorieren. Am Abend schreibe ich in mein Tagebuch als „Erkenntnis" des Tages: „Folge deiner Sehnsucht. Doch der Sehnsucht zu folgen, ist kein Spaziergang."

Das erlebe ich auf dieser Pilgerwanderung hautnah, das erlebe ich auch in meinem Leben. Alles kostet einen Preis. Der eigenen Sehnsucht zu folgen, ist nicht „leichtgängig". Aber der Gewinn ist hoch und geht tief. Manchmal kann eine aufkommende Sehnsucht die leise Berührung des Heiligen Geistes sein. Es lohnt sich, dem nachzuspüren: Aufbruch liegt in der Luft. Mich jedenfalls hat diese Pilgertour verändert. Ich habe mich besser kennengelernt, ich habe Gott besser kennengelernt. Ich habe Mut für mein Leben gewonnen.

18. DEZEMBER

⁕ AGNES' GESCHICHTE ⁕

Auf Frauen-Tagungen, die ich mitgestalte, gibt es nachmittags ein Element, das ich liebe: Neben den verschiedenen kreativen und sportlichen Angeboten gibt es zwei gemütliche Vorlesestunden vor einem knisternden Kaminfeuer. Viele Frauen lesen ihren Kindern oder Enkeln vor, doch sich selber etwas vorlesen zu lassen ist schon etwas Besonderes und für viele ein seltener Genuss. Meine Geschichten, die ich aussuche, wechseln je nach Stimmung und Jahreszeit. Aber eine ist immer dabei, weil sie regelmäßig den Frauen – und mir selbst – Tränen in die Augen treibt: die Geschichte von Agnes. Tony Campolo, ein US-amerikanischer Soziologe, baptistischer Geistlicher und Autor, erzählte sie – und sie beruht auf seinem eigenen wahren Erleben.

Als er einmal auf einer seiner vielen Reisen mit Jetlag morgens um halb vier Uhr auf der Suche nach einem Frühstück in eine üble Spelunke gerät, trifft er auf eine Gruppe Prostituierte, die dort wie an jedem frühen Morgen ihre Nacht ausklingen lassen. Eine davon, Agnes, erzählt, dass sie am kommenden Tag Geburtstag habe. Sofort bricht ein Shitstorm über sie herein. Hämisch fragt ihre Kollegin: „Warum erzählst du das jetzt? Willst du etwa eine Party oder einen Geburtstagskuchen?"

Agnes verteidigt sich: „Warum bist du so gemein zu mir? Mir hat noch nie in meinem Leben jemand eine Party ausgerichtet, das erwarte ich gar nicht."

Als die Prostituierten die Bar verlassen, schmiedet Tony Campolo zusammen mit dem Wirt einen Plan: Sie werden Agnes am nächsten Morgen mit einer Geburtstagsparty, einem geschmückten Raum und einem Kuchen überraschen. Gesagt, getan – und die überwältigende Reaktion von Agnes ist ungläubiges Staunen, Tränen und Freude. Als Tony noch ein Gebet spricht, meint der Wirt: „Ich wusste ja gar nicht, dass du Pastor bist. Zu welcher Kirche gehörst du denn?" Und in einem Geistesblitz antwortet der: „Ich gehöre zu einer Kirche, die um halb vier morgens Geburtstagpartys für Huren schmeißt." Der Wirt wehrt ab: „Erzähl mir nix! So 'ne Kirche gibt es doch gar nicht! Wenn es sowas gäbe, da würde ich beitreten!"

Wir vergessen oft, dass Jesus genau so eine Kirche begründet hat. Er aß und feierte mit Außenseitern und Sündern. Unsere Kirchen sind oft sehr auf Wohlverhalten und gutbürgerliches Angepasstsein aus. Wenn wir uns mit unseren Schwächen zeigen würden, uns vorurteilsfrei für einsame, gescheiterte und problembeladene Menschen öffnen würden, hätten unsere Gemeinden sicher regen Zulauf …

19

DEZEMBER

✣ EINZIGARTIG ✣

Ich schaue morgens aus dem Fenster: Es schneit! Auf den Beeten und Hausdächern liegt schon eine glitzernde Puderzuckerschicht. Die weiße Decke breitet sich gnädig über hässliche braungraue Vorgärten, steinerne Mauern und Haustreppen. Buchsbaum und Kirschlorbeer erhalten weiße Mützen. Der verspielte Tanz der Flocken entzückt mich – haben wir doch in Norddeutschland an der Küste nur selten Schnee, in manchen Wintern sogar gar keinen! Ich kann mich nicht sattsehen. Anmutig schweben die Eiskristalle zu Boden. Es ist still, alles scheint gedämpft. Ein festlicher Zauber liegt in der Luft. Vorübergehende Menschen stoßen kleine Dampfwölkchen aus ihrem Mund, schauen ab und zu hinter sich und bewundern ihre eigenen Fußspuren, die sie im Schnee hinterlassen. Kindheitserinnerungen …

Später lese ich über das Thema Schnee und staune einmal mehr über Gottes Schöpfung. Liegt die Lufttemperatur nahe am Gefrierpunkt, werden die einzelnen Eiskristalle durch kleine Wassertropfen miteinander verklebt und es entstehen Schneeflocken, die über hundert Grundformen aufweisen und eine verblüffend hohe Formenvielfalt bilden. Über 5000 verschiedene Schneekristalle wurden schon von Wilson A. Bentley ab 1885 fotografiert.

Mit hoher Wahrscheinlichkeit gibt es und gab es noch nie zwei komplexe Schneekristalle, die exakt gleich waren. Die potentiellen Formen komplexer Kristalle sind so zahlreich, dass ihre Variationen weit größer sind als die Anzahl an Atomen im Weltall, erfahre ich.

Diese nüchtern-sachlichen Fakten sind für mich fast unvorstellbar. Welch wunderbare Kreativität, Sorgfalt und Schönheit Gottes steckt allein in der Welt des Schnees! Genauso viel Liebe und Ideenreichtum hat er in seine ganze Schöpfung inevstiert – in Pflanzen, Tiere, Wolken, Sterne, das ganze Weltall und natürlich gerade auch bei der Erschaffung der Menschen. Jeder ist einzigartig im Aussehen, im Charakter, in seinen Interessen, in seinen Talenten. Schon die Fingerabdrücke beweisen, dass kein Mensch wie ein anderer ist. Sogar eineiige Zwillinge haben unterschiedliche Fingerabdrücke! Gott liebt Vielfalt. Und er liebt das Individuum. Er sieht jeden Einzelnen. Jeder ist unendlich wertvoll für ihn. Ich möchte noch mehr lernen, diesen Reichtum hoch zu schätzen, ihm mit Respekt zu begegnen – und ihn mit Freude zu betrachten, genauso wie wirbelnde Schneeflocken!

DEZEMBER

⁂ OCHS UND ESEL ⁂

I n unserer Stadt gibt es regelmäßig zur Adventszeit Krippenausstellungen: Einige enthalten wunderbare künstlerisch aus Holz geschnitzte Figuren,
andere sind aus Formmassen oder aus Stroh und
Stoffresten gebastelte Gestalten. Einige sind eher
schlicht gehalten, andere sind aufwendig mit Gold
und Glitzer verziert. Es gibt Krippen aus Afrika,
deren Figuren schwarz sind, und russische, die mit
heimischen Trachten eingekleidet sind. Ich schaue
mir gerne die unterschiedlichen Ausstattungen an.
Außer der heiligen Familie, den Hirten, Schafen
und den Weisen aus dem Morgenland immer mit
dabei: Ochs und Esel. Sie lagern nah beim Jesus-
kind und halten es mit ihrer Körperwärme und
ihrem Atem warm – denn in damaligen Zeiten gab
es ja keine Heizung. Und schließlich ist es ein Stall,
in dem Jesus zur Welt kam. Wenn wir allerdings
im Lukasevangelium die Weihnachtsgeschichte
lesen, vermissen wir diese beiden Tiere. Umso
erstaunlicher, dass sich Ochs und Esel bereits auf
den ersten bildlichen Darstellungen der Geburts
geschichte Jesu aus dem 3./4. Jahrhundert befindet,
nämlich auf Sarkophagen und in den römischen
Katakomben.

Die Erklärung: Es gibt zwei alttestamentliche
Erwähnungen, die die Tiere in Bezug zur Geburt

Jesu und zu seinem ungewöhnlichen Kinderbett-chen setzen: *Der Ochse kennt seinen Besitzer und der Esel die Krippe des Herrn, Israel aber hat keine Erkenntnis, mein Volk hat keine Einsicht.* So steht es bei Jesaja 1,3. Es gibt noch eine zweite Stelle aus dem Alten Testament, die weniger eindeutig ist als das Jesaja-Wort. In Habakuk – allerdings nicht im hebräischen Urtext und damit auch nicht in unse-ren deutschen Übersetzungen, sondern nur in der alten griechischen Bibel – heißt es: *Inmitten zweier Lebewesen wirst du erkannt werden.*

Diese Texte gehören für mich zu den humor-voll-hintersinnigen Bibelstellen: Es ist der ironi-sche Hinweis, dass selbst die „dummen" Tiere wissen, zu wem sie gehören und wer ihr Herr ist. Sie haben mehr Durchblick als das Volk, in dessen Mitte Jesus geboren wurde.

Ich finde das Bild, dass Jesus zwischen dem Ochsen, einem Zug- und Opfertier, und dem Esel, einem Lasttier, seine ersten Tage verbringt, wirk-lich bedeutungsvoll. Gott stellt sich mit der leiden-den Kreatur auf eine Stufe. Zum Staunen, nicht nur für Tierliebhaber!

21

DEZEMBER

91

⁛ TROST ⁛

D u kannst nicht tiefer fallen als nur in Gottes Hand" – dieser Satz ist inzwischen allgemein bekannt, seit Margot Käßmann, ehemalige Bischöfin und Ratsvorsitzende der Evangelischen Kirche in Deutschland, ihn nach einer unglücklichen Alkoholfahrt bei ihrem anschließenden Rücktritt von ihren Ämtern zitierte. Was weniger bekannt ist: Diese wunderbaren Worte stammen aus einem Lied des Pastors und Dichters Arno Pötzsch, der von 1900 bis 1956 lebte. Viele seiner Gedichte und Lieder entstanden angesichts der Schrecken des Zweiten Weltkriegs. Von 1948 bis zu seinem Tod lebte er als Gemeindepfarrer und Seelsorger der evangelischen Garnisonkirche in Cuxhaven. Diese Kirche steht gerade um die Ecke von unserem Wohnhaus, nur ein paar Schritte entfernt – deshalb habe ich einen besonderen Bezug zu Pötzsch' Werken.

Eines davon ist ein kleines Buch mit Versen über die *Weihnachts-Madonna von Stalingrad*. Der evangelische Pastor und Truppenarzt Kurt Reuber, ein Freund von Pötzsch, schuf eine Kreidezeichnung, die eine sitzende Frauengestalt zeigt. Sie birgt unter ihrem Mantel ein Kind, das sie liebevoll anschaut und dem sie Schutz und Geborgenheit gibt. Das Besondere: Diese Zeichnung entstand Weihnachten 1942 unter schrecklichen Umständen. Als die Rote Armee Stalingrad bereits über vier Wochen eingeschlossen hatte und die eingekesselten Soldaten gegen Kälte und Hunger um ihr Überleben kämpften, schuf Reuber zum Trost für seine Kameraden dieses kleine Kunstwerk und versah es mit den Worten: LICHT – LEBEN – LIEBE. Denn danach hungerten die verängstigten, leidenden und mutlos gewordenen Soldaten.

Arno Pötzsch schrieb darüber in seinem Büchlein:

Aus Gottes Liebe ist das Kind geboren,
durch Liebe nur ward Weihnacht in der Welt,
so wie aus Liebe einst die Welt erschaffen,

und Liebe bleibt trotz Blut und Tod und Waffen
der Grund der Welt! Und ob der Leib zerfällt,
ihr seid in Gott, in Liebe – unverloren!

Tröstliche Worte in einer Welt voller Schrecken und Leid: Liebe ist stärker als der Tod, denn sie reicht über unser Leben hinaus.

22

DEZEMBER

HEILENDE
TISCHGEMEINSCHAFT

J ährlich an den Weihnachtstagen steht bei deutschen Familien eines im Vordergrund: das Festessen. Schon Tage und Wochen vorher planen die Hausfrauen (und manchmal die Hausmänner) die Menüfolge und den Einkaufszettel. Das ist bei uns nicht anders. Unsere ganze Familie versammelt sich Weihnachten um unseren Tisch – ein Highlight in diesen Tagen.

Eine Literaturverfilmung erzählt auch von einem besonderen Festessen. Papst Franziskus und ich sind uns darin einig: „Babettes Fest" ist einer unserer Lieblingsfilme. Er basiert auf einer Novelle von Karen Blixen. Babette hat es aus dem bürgerkriegsumkämpften Paris des Jahres 1871 in ein kleines dänisches Fischerdorf verschlagen, wo sie den beiden ledigen Töchtern des schon lange verstorbenen Dorfpfarrers den Haushalt führt und sich auch um die Armen des Dorfes kümmert. Ein überraschender Lottogewinn ermöglicht ihr die Erfüllung eines Traumes: Sie lädt die kleine Gemeinde zu einem echten französischen Festessen ein. Babette lässt sich die edelsten und teuersten Zutaten liefern, steht den ganzen Tag in der Küche und lässt ihren Gästen (zwölf an der Zahl – symbolträchtig!) die kostbaren und wohlschmeckenden Gänge samt edlem Wein servieren. Und die tauen auf: Aus verbitterten, zerstrittenen und ängstlichen Menschen werden einander zugewandte, herzliche Freunde. Am Ende hat Babette ihr ganzes Geld ausgegeben …

Der Film berührt mich immer wieder, so oft ich ihn sehe. Er ist ein Lehr- und Meisterstück zum Thema gabenorientierte Hingabe und Liebe. Sie, die Profi-Köchin aus Frankreich, die in einem der besten Restaurants von Paris für die gehobene Gesellschaft gekocht hatte, hielt sich nicht für zu schade, den einfachen Menschen im Dorf mit ihrer Kunst zu dienen – zunächst mit den geringen Mitteln, die ihr zur Verfügung standen, dann mit allem, was sie besaß. Für mich ein großes Vorbild: Nimm, was du hast, und stelle es anderen mit Liebe zur Verfügung. Das macht einen Unterschied!

DEZEMBER

23

VON HIRTEN UND SCHAFEN

Die romantisch verklärte Geschichte der Hirten auf dem Felde, denen Engel die frohe Botschaft von der Geburt Jesu verkündigen, gehört zur Weihnachtszeit wie Lichterglanz und Lebkuchenduft. Sie ist schon besonders, wenn wir betrachten, wie es vor 2000 Jahren in Israel wirklich um die Berufsgruppe der Hirten bestellt war. Wir wissen, dass Hirten zur damaligen Zeit eher der unteren Gesellschaftsschicht zugeordnet waren und sich einer rauen Wirklichkeit stellen mussten. Gott hat sich entschieden, diesen Geringen, Schlechtverdienenden und wenig Gebildeten den Vorzug zu geben, die frohe Botschaft als Erste zu hören. Darin steckt Gottes klare Ansage: Ich sehe die einfachen Leute, diejenigen, die sonst kein Ansehen haben. Ihnen gilt die Freude auslösende Nachricht zuerst.

Wir lieben solche Geschichten – Aschenputtelgeschichten nenne ich sie. Es löst bei mir eine Genugtuung aus, wenn auch den einfachen Leuten Gutes widerfährt, wenn sich Machtverhältnisse umkehren und so eine gewisse Gerechtigkeit zum Zuge kommt.

In der gesamten Bibel gibt es zahlreiche Hinweise zu Traditionen und ihrer Symbolik rund um Hirten und Schafe, und sie sind ausgesprochen vielschichtig. Jesus vergleicht sich selbst mit einem Hirten und seine Nachfolger mit Schafen, die auf ihn hören und seine Stimme erkennen. Das klingt gut, harmonisch – aber es geht noch eine Schicht tiefer. Denn Jesus ist paradoxerweise selbst auch ein Schaf: „Siehe, das ist Gottes Lamm, das der Welt Sünde trägt!", ruft Johannes aus, als Jesu Wirken beginnt. In der Offenbarung wird Jesus uns als Lamm, das geschlachtet wurde, vorgestellt. Und Jesus sagt seinen Jüngern: „Siehe, ich sende euch wie Schafe mitten unter die Wölfe." Das Bild von den Schafen hat es also in sich. Die Symbolik betont die Wehrlosigkeit und Verletzbarkeit der Schafe – und die Notwendigkeit, sich dem Hirten anzuvertrauen. Da ist nichts Romantisches mehr. Es hat einen hohen Anspruch – fast möchte ich davor zurückschrecken. Denn da ist wirklich Vertrauen nötig, dass mein Hirte sich um mich kümmert, wenn ich angegriffen werde oder andere schwierige Umstände mein Leben belasten. Und das sind ja oft unsere Erfahrungen – das Leben findet nicht nur auf einer grünen Wiese statt! Da trifft die Botschaft der Engel wie ein Lichtstrahl in unsere Situation: „Fürchtet euch nicht! Siehe, ich verkündige euch große Freude ... "

24

DEZEMBER

MIT DEN AUGEN EINES KINDES

Ich blicke in zwei glänzende dunkelbraune Augen, die ins helle Licht blinzeln. Unsere neugeborene Enkeltochter, nur wenige Stunden alt. Ich halte sie im Arm – wie klein und bedürftig sie ist! Im Nu erobert sie mein Herz. Jedes Mal berührt mich diese erste besondere Begegnung zutiefst. Als unser ältester Sohn geboren wurde, glaubte ich, in seinen tiefblauen Augen den Himmel zu sehen. In der Folge unserer weiterer Kinder und später Enkeltöchter durften wir abwechselnd in braune und in blaue Augen blicken und ehrfürchtig über das Wunder eines neuen Lebens staunen. So wunderschön! In solchen Augenblicken ist nichts anderes wichtig. Probleme verlieren an Bedeutung. Die alltäglichen Lasten werden zweitrangig. Nur das Kind zählt. Ich muss an das Lied der deutschen Rockband Reamonn denken. Darin heißt es: „*Why did we make it so hard – this life is so complicated until we see it through the eyes of a child…*"

„Warum machen wir es uns so schwer?
Dies Leben ist so kompliziert,
bis wir anfangen, es durch die Augen eines Kindes zu sehen.
Süßes, unschuldiges Kind mit offenen Augen,

du hast uns gesehen, wie wir wirklich sind.
Und ich weiß, dass da ein Morgen sein wird,
damit Hoffnung ihren herrlichen Tag erhält,
und ich wünschte, dass dich diese Welt umar-
men würde…"

Ob Maria ähnlich gedacht hat, als sie ihrem neugeborenen Jesus in die Augen schaute? Konnte
sie in diesem Moment das Leben aus der Sicht
ihres Kindes betrachten? Glätteten sich da die
hochgeschlagenen Wogen der ungeplanten
Schwangerschaft, der mühsamen Erklärungen,
der beschwerlichen Reise nach Bethlehem, der
schmerzhaften Geburt? Wurde das, was zuvor so
kompliziert erschien, auf einmal einfach?

Kinder sehen die Welt mit anderen Augen als
wir. Sie gehen mit Vertrauen und Zuversicht ins
Leben, das voller Möglichkeiten steckt. Sie sind
noch fähig zu staunen. Wir sind so oft abgelöscht,
müde, enttäuscht und verbraucht vom Leben.
Aber wir können uns vom Kind in der Krippe
neu anstecken lassen, unsere wunderschöne und
zugleich so verstörende Welt mit seinen Augen zu
sehen. Wenn wir diesem Kind trauen, ist alles als
sein großartiges Angebot vorhanden: ein Reichtum an Veränderungspotenzial und positiver
Möglichkeiten, das Leben zu gestalten. Hoffnung
und Zukunft. Rettung und Frieden. Versöhnung
und Liebe. Denn: „… euch ist heute der Heiland
geboren!"

ÜBER DIE AUTORIN

Susanne **Tobies** (Jahrgang 1958) ist seit 40 Jahren verheiratet und lebt mit ihrem Mann in Cuxhaven. Beide haben drei erwachsene Kinder und fünf Enkeltöchter. Susanne Tobies arbeitet als Redaktionsassistentin für das christliche Magazin AUFATMEN. Sie ist Teil der Lebensgemeinschaft WegGemeinschaft, die das christliche Tagungszentrum Dünenhof Cuxhaven verantwortet. Geistlich beheimatet ist sie außerdem in einer Freien evangelischen Gemeinde.

Sie schreibt über sich selbst:

Geboren bin ich als viertes von fünf Geschwistern im Ruhrgebiet, doch seit Jahrzehnten lebe ich im schönen Norden Deutschlands an Elbe und Nordseeküste. Hier kann ich atmen, hier ist der Horizont weit, das Meeresrauschen beruhigend, der stetige Wind belebend – Geschenke Gottes, die mir als eher introvertiertem Menschen gut tun.

Ausgebildet bin ich als Buchhändlerin, doch ich habe schnell gemerkt, dass ich Bücher viel lieber lese als verkaufe. Jetzt darf ich in der AUFATMEN-Redaktion in einem Beruf arbeiten, der mir genau entspricht – Umgang mit Worten, Texten und Organisation eines Büroalltags. Der Untertitel der Zeitschrift lautet „Gott begegnen – authentisch leben". Diese Werte sind für mich ein wesentliches Ziel geworden. Außerdem mag ich Spaziergänge an der Küste, Gartenarbeit, ausgiebige Lesestunden und mit unseren Enkeltöchtern spielen, die unser großes Glück sind.

Unsere Lebensgemeinschaft ist – wie auch der Dünenhof mit seinen Seminaren und Tagungen – seit 35 Jahren ein wichtiger Teil meines Lebens. Durch meine Freunde erfahre ich Annahme und Korrektur – wesentliche Bestandteile für mein persönliches und geistliches Wachstum.

WEITERE ADVENTSBEGLEITER AUS DEM NEUFELD VERLAG

Sabine Dittrich
24 Seelenwärmer im Advent
ISBN 978-3-86256-155-1, 2019

Claudia Stangl
24 Sternstunden für Himmelssucher
ISBN 978-3-86256-095-0, 2018

Elke Werner
24 Lichter auf dem Weg
ISBN 978-3-86256-085-1, 2017

Sabine Langenbach
24 Begegnungen zum Staunen im Advent
ISBN 978-3-86256-073-8, 3. Auflage 2018

Sabine Zinkernagel
24 Rast-Plätzchen auf dem Weg zur Krippe
ISBN 978-3-86256-063-9, 2015

DER WEIHNACHTS-BESTSELLER AUS DEM NEUFELD VERLAG

André Trocmé
Von Engeln und Eseln
Geschichten nicht nur zu Weihnachten

Spannende Erzählungen für Kinder und Erwachsene, die Werte zum Leben erwecken und die man nicht vergisst:

Wie die unfreiwillige Gastfreundschaft einer einzigen Frau ein ganzes Dorf verwandelte; wie Nikodemus fand, was er suchte, als er sein Hab und Gut großzügig verschenkte; wie der 12-jährige Jesus einen Sklaven freikaufte, der ihm später nachfolgte; und dass kein Mensch Gott daran hindern kann, ihn zu lieben.

Gebunden, 159 Seiten, mit Illustrationen
ISBN 978-3-937896-52-6, 7. Auflage 2018

Hörbuch, gelesen von Philipp Schepmann
ISBN 978-3-86256-003-5, vier Erzählungen aus dem Buch *Von Engeln und Eseln*

Der **NEUFELD VERLAG** ist ein unabhängiger, inhabergeführter Verlag mit einem ambitionierten Programm. Wir möchten bewegen, inspirieren und unterhalten.

Stellen Sie sich eine Welt vor, in der jeder willkommen ist!

Das wär's, oder? Am Ende sehnen wir alle uns danach, willkommen zu sein. Die gute Nachricht: Bei Gott bin ich willkommen. Und zwar so, wie ich bin. Die Bibel birgt zahlreiche Geschichten und Bilder darüber, dass Gott uns mit offenen Armen erwartet. Und dass er nur Gutes mit uns im Sinn hat.

Als Verlag möchten wir dazu beitragen, dass Menschen genau das erleben: Bei Gott bin ich willkommen.

Unser Slogan hat eine zweite Bedeutung: Wir haben ein Faible für außergewöhnliche Menschen, für Menschen mit Handicap. Denn wir erleben, dass sie unser Leben, unsere Gesellschaft bereichern. Dass sie uns etwas zu sagen und zu geben haben.

Deswegen setzen wir uns dafür ein, Menschen mit Behinderung willkommen zu heißen.